U0564009

《文化中行——"一带一路"国别文化手册》

（2016 年 1 月版）

征订单

【图书信息】

"国之交在于民相亲，民相亲在于心相交。""一带一路"战略布局涉及区域广阔，业务广泛。它不仅是一条经济交通之路，更是一条民心交融之路，其建设发展在很大程度上取决于文化的影响力和穿透力。《文化中行——"一带一路"国别文化手册》以研究海外机构特点和服务对象需求为出发点，致力于解决文化冲突、文化融合等难题，力求为海外机构提供既符合中国银行价值理念，又符合驻在国实际的文化指引。

【价格说明】

《文化中行——"一带一路"国别文化手册》为中国银行股份有限公司与社会科学文献出版社合作编写出版，全套手册共 25 本。根据合同，中国银行内部各分支机构如购买单品种1000 册以上，可按照协议价格 19.47 元/册征订。

【汇款账号】（来款请在备注处注明书名）

户　名：社会科学文献出版社

开户行：工行北京北太平庄支行

账　号：0200010019200365434

【联系方式】

1. 请正确填写征订单，将扫描件 EMAIL 至 wjz@ssap.cn，并致电（010）59367226（13581872419）确认。

2. 征订单请于 2016 年 5 月 31 日前回复。

书目详见背页

附件一：

书 名	册 数	定 价	总金额
泰 国			
新加坡			
印 度			
柬埔寨			
缅 甸			
老 挝			
印度尼西亚			
马来西亚			
越 南			
菲律宾			
蒙 古			
俄罗斯			
波 兰			
土耳其			
哈萨克斯坦			
奥地利			
匈牙利			
捷 克			
巴 林			
阿拉伯联合酋长国			
毛里求斯			
摩洛哥			
墨西哥			
智 利			
秘 鲁			
联系人		联系电话	
收书地址			
发票抬头			

文化中行

"一带一路"国别文化手册

匈牙利

HUNGARY

中国银行股份有限公司
社会科学文献出版社　编

社会科学文献出版社
SOCIAL SCIENCES ACADEMIC PRESS (CHINA)

匈牙利
HUNGARY

中国驻匈牙利大使馆
(Embassy of the People's Republic of China in Hungary)
地址：1068 Budapest, Városligeti fasor 20-22, Hungary
领事保护热线：00361 4133373
网址：www.chinaembassy.hu
注：其他领事馆信息详见附录二

匈牙利
HUNGARY ···

序

2013 年，国家主席习近平在出访中亚和东南亚国家期间，先后提出共建"丝绸之路经济带"和"21 世纪海上丝绸之路"的重大倡议，向全世界宣告了亿万中国人民谋求和平发展，与沿线国家和地区共同合作、共建繁荣的美好愿景。"一带一路"战略布局无疑成为当今世界最大的系统性工程，得到国际社会的广泛响应。

道之大者，为国为民。作为中华民族金融业的旗帜，中国银行早已将"为社会谋福利，为国家求富强"的信念植入血脉。在一百多年的发展进程中，不断顺应历史潮流，持续经营、稳健发展，为民族解放、社会进步、国家繁荣做出重要贡献。站在新的历史机遇期，以"担当社会责任"为己任，以"做最好的银行"为目标的中国银行，依托百年发展铸就的品牌价值和全球服务网络，利用海外资金优势，实现全球资源配置，护航"一带一路"战略，不仅具有得天独厚的优势，更是义不容辞的责任。

金融业是经贸往来的"发动机"和"导流渠"，是支持"一带一路"建设的中坚力量。中国银行作为国际化、多元化、专业化程度最高的国有股份制商业银行，截至2015年底，已在"一带一路"沿线18个国家设立分支机构，未来，将持续完善全球布局，增加对"一带一路"沿线国家的机构覆盖。可以肯定地讲，中国银行完全有能力承担起国家赋予的责任与使命，为构建"一带一路"金融大动脉做出重要而独特的贡献。

"一带一路"建设投资规模大、周期长，涉及众多国家和地区，金融需求跨地区、跨文化差异明显，这对银行业提出了新的挑战。如何跟上国家对外投资的步伐，如何为"走出去"企业铺路搭桥，如何入乡随俗、实现文化融合，成为我行海外发展面临的一系列重要问题。《文化中行——"一带一路"国别文化手册》（以下简称《手册》）正是在这个大背景下应运而生。《手册》从文化角度出发，全面介绍了我行已设和筹设分支机构的"一带一路"沿线国家的政治经济环境、金融发展业态、民俗宗教文化等，为海外机构研究发展策略、规避经营风险、解决文化冲突、融入当地社会提供实用性、前瞻性的指导和依据。对我行实现跨文化管理，服务"走出去"企业，指导海外业务发展，发挥文化影响力，实现集团战略都具有重要的价值。

最好的银行离不开最好的文化。有胸怀、有格局的中行人，以行大道、成大业的气魄，一手拿服务，一手拿文化，奔走在崭新又古老的"丝路"上。我们期待《手册》在承载我行价值理念，共建区域繁荣的道路上占有重要一席，这也正是我们实现文化"走出去"战略的题中应有之义。

刘国文

2015 年 12 月

目录

063

第四篇
双边关系

085

附　录

匈牙利
HUNGARY

第一篇
国情纵览

匈牙利
HUNGARY ....

一　人文地理

1　地理概况

匈牙利（匈牙利文：Magyarország）是一个位于欧洲中部的内陆国家，与奥地利、斯洛伐克、乌克兰、罗马尼亚、塞尔维亚、克罗地亚和斯洛文尼亚接壤，首都为布达佩斯。

匈牙利是欧洲内陆国家，位于多瑙河冲积平原，依山傍水，西部是阿尔卑斯山脉，东北部是喀尔巴阡山。著名的多瑙河从斯洛伐克南部流入匈牙利，恰恰把匈牙利截成东、西两部分。匈牙利资源贫乏，但山河秀美、建筑壮丽。

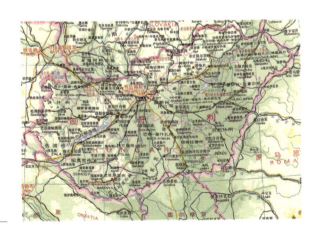

匈牙利地理位置

2 历史沿革

匈牙利国家的形成起源于东方游牧民族——马扎尔人游牧部落，公元 9 世纪时他们从乌拉山西麓和伏尔加河湾一带向西迁徙，公元 896 年在多瑙河盆地定居下来。

1867 年匈牙利与奥地利组成奥匈帝国。第一次世界大战后奥匈帝国解体，1919 年 3 月匈牙利苏维埃共和国建立，同年 8 月被以霍尔西为首的军队推翻，恢复了君主立宪的匈牙利王国。

1920 年战败国匈牙利与协约国签订特里阿农条约，丧失了 72% 的领土和 64% 的人口。1941 年，匈牙利加入德 – 意 – 日轴心国集团，1944 年德军占领匈牙利。1945 年 4 月，匈牙利在苏联红军帮助下解放全境。1946 年 2 月 1 日宣布废除君主制，成立匈牙利共和国。1949 年 8 月 20 日宣布成立匈牙利人民共和国。

1956 年 10 月匈牙利爆发十月事件。1989 年 10 月 23 日，根据宪法修正案，决定将匈牙利人民共和国改称匈牙利共和国。2012 年颁布新宪法，将国名"匈牙利共和国"改为"匈牙利"。

3 人口综述

截至 2014 年 1 月，匈牙利全国总人口为 987.9 万人。匈牙利人口出生率从 20 世纪 80 年代开始呈下降趋势。主要民族为匈牙利（马扎尔）族，约占 90%。少数民族有斯洛伐克族、罗马尼亚族、克罗地亚族、塞尔维亚族、斯洛文尼亚族、德意志族等。官方语言为匈牙利语。居民主要信奉天主教（66.2%）和基督教（17.9%）。

4　语言文字

官方语言为匈牙利语，这是欧洲最广泛使用的非印欧语系语言，95.5%的人使用。原则上讲，匈牙利境内所有的少数民族都说匈牙利语，但少数民族有他们自己的教育和文化机构。

特别提示

★ 匈牙利首都布达佩斯位于东1时区，比北京时间晚7小时。

★ 匈牙利每年3月底至10月底实行夏令时，其间当地时间比北京时间晚6小时。

★ 匈牙利在中欧并不是大国，人口不到1000万，然而那里的华人却是在中东欧最成气候的，人数已经达到3万人。

二 气候状况

　　匈牙利地处北半球温带区内，是大陆性气候、温和海洋性气候和地中海亚热带气候的交会点。匈牙利受大陆性气候的影响较大，属大陆性温带阔叶林气候。

　　匈牙利的气候变化较大，国内不同地区之间气温差别也较大，全年平均气温为 10.8℃。7 月和 8 月最热，虽然夏天的平均气温在 21.7℃，但这两个月的气温有时会超过 30℃，最高达到 34.5℃。匈牙利冬天也不是很冷，最冷的月份在 1 月和 2 月，平均气温为 −1.2℃。

　　从地区看，匈牙利东北部与西部地区的气候差别比较明显。东北部更远离海洋，所以大陆性气候特征明显，夏季多雨、高温，冬季干燥、寒冷；西部地区一年四季都受地中海气候与大西洋暖流的影响，冬季比东北部地区暖和。

三 文化国情

1 民族

匈牙利的绝大部分居民为匈牙利族（匈牙利民族自称马扎尔族）。匈牙利族约占总人口的 96.6%，还有德意志、斯洛伐克、罗马尼亚、塞尔维亚、克罗地亚、斯洛文尼亚、吉卜赛等少数民族。其中德意志族占总人口的 2.3%，是匈牙利境内最大的少数民族，主要居住在匈牙利的西部边境、外多瑙的中央山地、首都周围和麦切克山脉地区；斯洛伐克族占总人口的 1%，主要分布在贝凯什（Békés）的东南和首都附近。

由于历史原因，一部分匈牙利人在邻国生活，特别是在罗马尼亚和斯洛伐克的匈牙利人较多，匈牙利也因此与这两个国家有过一些摩擦。如 1990 年 3 月生活在罗马尼亚的匈牙利族人与罗马尼亚族发生暴力冲突，影响了两国关系；1995 年 11 月斯洛伐克通过的"语言法"导致在斯洛伐克生活的匈牙利族和匈牙利政府的反对。但境外匈牙利族与斯洛伐克和罗马尼亚的纠纷因匈牙利政府于 1995 年 3 月和 1996 年 9 月分别与斯洛伐克和罗马尼亚签署的国家关系条约而得到缓解，民族问题解决得比较顺利。

2 宗教

居民中信奉罗马天主教的占 54.5%，信奉新教的占 19.5%，

匈牙利传统服饰

图片提供：达志影像

其中加尔文教派的信徒比路德教派的信徒多一些。此外还有5%的人信奉犹太教、东正教、希腊天主教以及其他宗教。在匈牙利，几乎每个村镇都有一座教堂。

3　风俗与禁忌

匈牙利人的姓名排列方式与中国相同——姓在前，名在后。他们的姓名由两节组成，称呼匈牙利人时，只称姓不称名。匈牙利人社交场合与客人相见时，一般以握手为礼，有时也行拥抱礼，妇女则通常行屈膝礼。

（1）民族服饰

匈牙利有14个不同的民族，他们的服装各具特色。民族服装首次受到关注是在19世纪上半叶，特别是在要求改革的年代。刺绣的颜色最初只有蓝色和红色，后来逐渐成为民族的标志，这两种颜色的服装又逐步被色彩鲜艳的服装所取代，这种民族服装刺激了服装生产业和20世纪的旅游业的兴盛。

在农村，服饰往往代表不同的意义，如衣服和帽子代表地位和官衔，这是非常严格的。在短上衣上绣编织物显示不高贵；在呢斗篷和毛皮衣服上的镶边显示高贵。匈牙利人每逢过节、出席宴会、听歌剧都要换装。男士的礼服一般是西服；女士的礼服比较多样。

匈牙利的民族服装颜色对比鲜明，女子的服装大多为红、白相间，男子服装大多为黑、白相间，衣服上有刺绣和蕾丝花边；匈牙利民族爱穿绣有各种图案的长筒靴。

（2）饮食文化

匈牙利人以面食为主，喜欢吃猪肉、牛肉等，喜食的蔬菜有大白菜、洋葱等。匈牙利的菜肴有些是世界驰名的，它们在色、香、味上有独到之处，在国际上获得很高评价。萨拉米香肠、鹅肝、鸡肉、葡萄酒等食品早就驰名于世，受到人们的欢迎。匈牙利的饮食文化有悠久的传统。

匈牙利菜的特点是辣。匈牙利的一个城市——塞格德还被称为"辣椒之都"，这里的辣椒加工企业把辣椒当作一个产业，设计包装后的辣椒甚至可以被当作一个艺术品欣赏。

匈牙利饮食的主要特点是味道浓、香、辣，也比较油腻，这是几个世纪以来的传统。辣椒和大蒜在匈牙利随处可见，尤其是在多瑙河的考罗查镇，在秋天收获的季节，红色的辣椒与白色的大蒜串在一起挂在白色的墙上，色彩十分鲜艳。

匈牙利人口味浓重，不怕油腻，也爱吃辣椒，但调味不喜欢过咸。他们喜欢吃动物的口条、嫩牛肉、鸡、鸭、鱼及肝类食品，也喜欢吃巧克力甜点、水果以及各种炒干果，如炒杏仁、花生等。他们不吃海参、蟹以及菠菜、萝卜和带汁的蔬菜。一般情况下，早点喝咖啡，饭前饮烈性酒，饭后饮甜酒。他们还喜欢喝牛奶、红茶、啤酒等饮料。

土豆烧牛肉是世界驰名的匈牙利大菜。作为匈牙利知名菜肴，它原本是汤，但由于汤的内容丰富，也可以作为一道主菜。

匈牙利的久拉香肠（Gyula Sausage）是国际知名食品，曾在1935年获得布鲁塞尔国际博览会的金奖。久拉香肠是19世纪时在久拉小镇由一位屠夫制作而成，另一位肉商使它扬名世界。它的主要原料是猪的后臀尖，加上辣椒、青椒、洋葱、盐等调料，经过几道工序后熏制而成。事实上，在匈牙利农村，做香肠很普遍，宰猪和做香肠是匈牙利人重要的传统习俗。

特别提示

★ 商务礼仪方面，出席宴会时男士一般穿西服，女士多为长裙、晚礼服，并配有各式项链。此时不修边幅被认为是缺乏教养的表现。平时匈牙利人穿着却很随便。

★ 如果邀请匈牙利人参加宴会，须提前一个星期发出邀请信，以便于受邀的朋友有充分的时间安排。

★ 请柬的书写格式一定要正规，可在右下角注明"PSVP"四个字母，意为"请答复"。如收到邀请函，须通过信函或电话答复对方能否赴约。

★ 匈牙利人对离席也比较讲究。一般提前 15 分钟退场，还不算失礼。无故退场则很不礼貌。若中途有事必须离席，一定要与主人打招呼，经过主人的同意与谅解，方可离去。切忌在无人注意之时悄悄溜走。

★ 仪态方面，匈牙利人在社交场合与客人相见时，一般行握手礼。握手时，一定要坦然注视对方。匈牙利妇女一般多行屈膝礼。见面时通常握手为礼。男人应等女人先伸出手再握。

★ 交谈的时候，恰当的话题为食品、葡萄酒和你所喜欢的匈牙利某些方面。不要谈论政治或宗教。

★ 匈牙利人注重守时观念，也希望别人同他们一样守时。

4 重要节日

匈牙利有众多的节假日和纪念日，其中有纪念政治、历史事件和英雄人物的节日，如 1848 年革命纪念日（3 月 15 日）、劳动节（5 月 1 日）、1956 年纪念日（10 月 23 日）。

除此之外还有民间传统节日，如新年（1 月 1 日）、布达佩斯春季嘉年华（3 月中至 4 月中）、霍特贝德鲁骑马节（6 月底）、索伯隆早期音乐节（6 月底）、布达佩斯欢送嘉年华（6 月底）、德鲁尔夏季文化节（6 月底至 7 月底）、佩斯嘉年华（7 月及 8 月）、柯塞巨街剧场节（7 月底）、桑贝斯里萨薇瑞亚国际舞蹈赛（7 月）、塞巨野外嘉年华（7 月底）、布达佩斯北方学生岛斯达克演唱会（8 月）、艾格葡萄酒丰收节（9 月）、布达佩斯秋季艺术节（9 月中至 10 月中）。

此外，还有各种宗教节日，如复活节的次日（4 月 16～17 日）、圣灵降临节的次日（5～6 月）、圣史蒂芬日（8 月 20 日）、圣诞节及次日（12 月 25～26 日）

扩展阅读：匈牙利诗人与国庆节

为了纪念 1848 年 3 月 15 日匈牙利独立革命，匈

布达佩斯国王 Stephen 雕像

图片提供：达志影像

牙利将 3 月 15 日这一天定为国庆节。从 17 世纪末开始匈牙利成为哈布斯堡王朝的一部分，到 19 世纪上半叶，匈牙利仍然是个农业国家。在封建庄园里劳作的是奴隶，而那时，英国、美国和法国已经开始革命。匈牙利的贵族也不断要求经济、社会和政治上的变革，但没有获得民族独立，这些要求是无法得到满足的。到 1848 年初，革命席卷了大部分欧洲，为匈牙利的革命提供了前提条件。3 月 15 日，科苏特率领议会代表团到维也纳向皇帝提出立法的要求。同一天，由作家、诗人和其他知识分子组成一个团体走上佩斯街头，宣读他们起草的"十二点"，领导人之一是著名的激进诗人裴多菲·山多尔。这时，许多旁观者加入了游行队伍，人群越来越壮大。3 月 13 日的维也纳革命和 3 月 15 日的佩斯革命迫使奥匈帝国皇帝考虑匈牙利国民议会的要求（即"四月法案"）。"四月法案"包括了"十二点"中的大部分要求。由此第一个匈牙利政府成立了，由鲍塔尼·拉约什领导，在他领导下的部长们大多是改革派政治家，其中包括科苏特和塞切尼。但是，哈布斯堡王朝镇压了其控制的意大利北部的革命后，就收回了对匈牙利所作出的妥协。这次佩斯的独立革命，没有流血冲突，虽然失败了，但这次革命的精神永远为匈牙利人民所铭记。3 月 15 日在 1989 年首先被定为节日，1990 年开始成为匈牙利正式的国庆节。在这一天将颁发国家最高艺术和科学奖——科苏特和塞切尼奖。

匈牙利
HUNGARY

第二篇
政治环境

匈牙利
HUNGARY ....

一 国家体制

1 国体、元首及国家标识

匈牙利的国会为国家最高权力机关，政府为国家最高权力执行和管理机关，总统为国家元首、全国武装力量最高统帅，宪法法院、法院、检察院等为司法机关，农村、城市、首都和首都的各个区及州的选民群体享有地方自治权。

宪法规定，匈牙利国家元首是共和国总统，同时也是武装力量总司令。总统任期5年，由国会选举产生，最多可连任1次。宪法规定，每位拥有选举权且在选举之日年满35岁的公民都可以被选为共和国总统。

匈牙利国旗

匈牙利国徽

2 宪法概述

1989 年 10 月 18 日，匈牙利在 1949 年宪法的基础上修改了宪法，称匈牙利为共和国，实行多党制。1989 年修改后的宪法从根本上改变了国家制度，取消了宪法中有关匈牙利社会主义工人党领导国家的条款，实行多党议会民主制，改行总统制，实行立法、行政和司法三权分立原则。

二　政治制度

1　政体概述

1989 年以后，匈牙利实行议会民主制和总统制。国会是匈牙利共和国最高国家权力和人民代表机关。匈牙利共和国总统、政府、所有国会委员会和任何国会代表都可以提议立法，立法权属于国会。国会实行一院制，原设 386 个议席，2014 年改为199 个议席，每 4 年普选一次。

匈牙利国家元首是共和国总统；政府是国家最高权力执行机关和管理机关，由总理和各部长组成。国会通过的法律先由国会主席签署，然后转交给共和国总统，由总统签署要公布的法令。

宪法法院审查法律法规是否符合宪法，承担法律规定的权力范围内的任务；匈牙利共和国最高检察长根据共和国总统的建议由国会选出，最高副检察长根据最高检察长的建议由共和国总统任命。最高检察长对国会负责。

2　政治中心

布达佩斯由老布达、布达和佩斯组成，原来这是三个行政上相互独立的城市，1873 年，这三个城市合并成布达佩斯，成为全国政治、经济和文化中心。全市设 22 个行政区，其中 15

布达佩斯新古典主义建筑（位置：St Stephen's Basilica, Szent Istvan Bazilika）
图片提供：达志影像

个设在佩斯，6 个在布达，还有 1 个区在切佩尔岛上。布达佩斯目前有 200 余万人口，面积为 525 平方公里。

国家的立法、司法、行政机构和各政治党派的总部都设在布达佩斯。它是全国工业、商业和金融中心，主要工业部门有机械、纺织、食品、木材等，全国性商业银行的总部大都设在这里。它也是全国交通枢纽，是铁路和公路干线的起点，拥有优良的河港和国际机场，航空以这里为中心通往世界各地。市内交通便利。它是全国的旅游中心之一，大饭店、旅店和家庭旅馆一应俱全。布达佩斯还是全国文化中心。该市有 80 多个博物馆、29 所高等院校，这里有著名的匈牙利科学院，还有许多科研机构。

3　主要政党

匈牙利的主要政党为中间偏左的匈牙利社会党、右翼的青年民主主义者联盟（简称青民盟），另有其他大小政党数百个。本届国会经2014年4月6日选举成立，其中青民盟 – 基督教民主人民党联盟占133席，社会党占29席，尤比克党占23席，绿党占5席。

（1）青年民主主义者联盟，执政党，简称"青民盟"

1988年3月30日成立，主席欧尔班·维克多。上任总理欧尔班·维克多在2014年4月大选后获得连任。

（2）基督教民主人民党，执政党

1944年建立，当时称民主人民党。1949年被取缔。1989年3月17日重建。1998年起，该党开始与青年民主主义者联盟合作，2005年，两党签署选举合作协议。2014年，两党联盟在大选中获胜。

（3）社会党，反对党

1989年10月7日成立，前身为社会主义工人党。2002年选举以微弱优势胜出，开始八年执政。执政结束后，社会党内部出现分裂。

（4）尤比克党，反对党

2003年10月24日成立，主要由极右民族分子组成，宣称"保护匈牙利的价值和利益"。

（5）绿党，反对党

2009年2月26日成立，主要为青年知识分子。主席为施佛尔·安德拉什。

三　行政结构

1　行政区划

　　匈牙利全国行政区划分为首都和19个州，有24个州级市。首都布达佩斯是全国的政治、经济、文化和科技中心。其他主要城市有德布勒森、塞格德、佩奇等。

2　主要行政机关

　　按照法律规定，各部部长由总理提名，总统任命。现政府于2014年6月组成，共设8个部门：国防部、对外经济和外交部、内务部、国家发展部、国家经济部、人力资源部、司法部和农业部。

　　国家经济部、国家发展部以及对外经济和外交部是匈牙利经济主管部门。国家经济部的主要职能是制定国家总体经济政策和实施国家经济战略，主要涉及就业、税务、提高竞争力、预算管理、减少国家债务和促进经济发展等方面。国家发展部的主要职能是制订国家中长期发展规划，主管交通、能源、电信、基础设施等领域。对外经济和外交部负责国家外经贸事务。

布达·瓦斯瓦里人像
图片提供：达成影象

四 外交关系

冷战结束后，匈牙利把加入欧盟和北约、与周边邻国恢复和发展睦邻关系作为其外交政策的重要任务。目前，匈牙利已同 170 多个国家建立了外交关系。

1989 年政局剧变后，匈牙利积极申请加入欧盟。2004 年 5 月 1 日，匈牙利正式成为欧盟成员国。2004 年 12 月 20 日，匈牙利国会批准《欧盟宪法条约》。2007 年 12 月 17 日，国会通过《里斯本条约》。同年 12 月 21 日，匈牙利加入《申根协定》。2011 年上半年，匈牙利担任欧盟轮值主席国。

匈牙利非常重视同美国发展关系。匈牙利支持美国在科索沃、阿富汗、伊拉克等问题上的立场。在美国的支持下，匈牙利 1999 年 3 月成为北约成员国。2008 年，匈美两国签订《打击恐怖主义组织信息交换协议》和《刑事犯罪信息交换协议》。2009 年 6 月，匈美两国签订《刑事犯罪法律援助协议》。2010 年 6 月，匈牙利外长马尔托尼应美国国务卿希拉里的邀请访美。2011 年 6 月，美国国务卿希拉里访匈；11 月，匈牙利总统施密特访美。

匈牙利与俄罗斯的关系在苏联解体后曾一度疏远。2002 年社会党政府上台后，匈牙利对俄罗斯开展务实外交，推动双边经贸关系的发展，两国关系显著改善，实现了高层互访。2010 年 1 月，两国签署了"南溪"天然气管道工程匈牙利项目及"南溪"股份公司的成立协议。2013 年和 2014 年 1 月，欧尔班总理访问俄罗斯，与普京总统举行会谈，并于2014年会谈期间签署和平利用核能政府间协议，同意双方合作扩建匈牙利鲍克什核电站。

特别提示

★ 根据 2011 年出台的《匈牙利基本法》，自 2012 年 1 月 1 日起，"匈牙利共和国"更名为"匈牙利"。

★ 1999 年 3 月 12 日，匈牙利加入北约组织，2004 年 5 月 1 日加入欧盟，2007 年 12 月 21 日加入申根区。

匈牙利
HUNGARY

第三篇

经济状况

匈牙利
HUNGARY ....

一　能源资源

1　矿产

匈牙利地处喀尔巴阡盆地，大部分为海相地层和陆相地层，山地也大都由沉积岩石构成，成矿机会很少，矿藏资源比较贫乏，主要是岩浆矿，沉积矿床很少。匈牙利天然资源稀少，利用得也不适当，还有大量没有开发的天然资源。在现有的沉积矿床中，主要的矿产资源是铝土矿，它也是匈牙利经济价值最大的矿产资源。铝土矿发现于 20 世纪 30 年代，蕴藏量丰富，分布全国各地，产量居欧洲第 3 位。匈牙利的铝土矿一部分供国内使用，其余全部用于出口。褐煤在匈牙利的蕴藏量也较大，但高品位矿不多，主要产于巴拉顿湖北岸的丘陵地带。此外，还有天然气、石油及少量的锰、铀、铜、铅、锌等，但储量均很少，无法满足国内的需要，绝大部分必须从国外进口。

匈牙利有 2/3 的地区有地下热水。主要分布在大平原地面下 1000 ~ 2000 米处。除了一般的地热水之外，还有碳酸水、碱性水、饮用矿泉水、含铁化物的矿泉水、含硫化物的矿泉水、放射性水和碘化水等。

2　温泉

匈牙利含有丰富矿物质的温泉都在大平原地区，大部分温泉都有药用价值，其中富含的矿物质和一定的温度有时对某些疾病有非凡的疗效，如对风湿病、肠胃病和妇科病具有特别的疗效。古罗马人对喀尔巴阡盆地温泉的疗效早就有所了解，他们建造了许多温泉浴池。在匈牙利有古罗马人留下来的具有1700 年历史的温泉浴池。19 世纪末，匈牙利的矿泉疗法在奥匈帝国统治时期享有盛誉，据说已传播到了美洲。

特别提示

★ 匈牙利石油和天然气产量仅能满足国内不足 20% 的需求，大部分能源和原材料依赖进口。

★ 匈牙利森林覆盖率为 20% 左右。

★ 匈牙利境内的平原地带有利于发展农业，多瑙河航运发达，但其周期性的泛滥给农业生产带来不利影响。

★ 在匈牙利打猎、钓鱼需要许可证。

★ 匈牙利的温泉之多世界闻名，在欧洲则是首屈一指，因此被称为"温泉之都"。

二　基础设施

1　重要交通设施

　　匈牙利是国际交通运输的重要枢纽，形成了以首都布达佩斯为中心的国内和国际铁路网和公路网。匈牙利 1 号公路和 8 号公路通往奥地利，2 号和 3 号公路通往斯洛伐克，4 号公路通往乌克兰，5 号、6 号和 7 号公路通往克罗地亚和塞尔维亚。匈牙利的交通基础设施在政府的支持下进行了大规模重建，高速公路公里数不断增加。铁路仍属国有。国际机场拥有两个现代化的航空集散站。

　　匈牙利大部分公路是沥青路面。全国城乡都有客车抵达。目前匈牙利公路总长度达 2.9832 万公里，其中硬质地面占总长度的 98.65%。截至 2013 年末，匈牙利公路总里程为 3.17 万公里，路网密度在欧洲仅次于比利时、荷兰，几乎每两个城镇之间都有柏油公路连通。公路运输在匈牙利交通运输中占主导地位，占货物运输总量的 67%。

　　近年来，匈牙利大力推进高速公路建设。截至 2013 年末，匈牙利高速公路总里程达 1372 公里，高速公路路网密度达 14.63 米 / 平方公里，接近欧盟平均水平，在中东欧地区居第二位，仅次于斯洛文尼亚，远高于波兰、罗马尼亚、保加利亚等国。

　　匈牙利铁路发展历史悠久，早在 1846 年就修建开通了第一条铁路。截至 2013 年末，匈牙利铁路总里程达 7729 公里，

布达佩斯 Elizabeth 大桥

图片提供：达志影像

平均每 100 平方公里国土就有 8.3 公里铁路，路网密度在欧盟成员国中居第五位，仅次于卢森堡、捷克、比利时和德国。匈牙利铁路货运量约占货运总量的 19%。

水路运输只占到匈牙利运输周转量的 4%。多瑙河是匈牙利重要的水运航道，它不仅是匈牙利国内运输水道，也是一条国际运输线。多瑙河在匈牙利境内有 410 公里，每年 10 ~ 12 月是结冰期，河运量减少。蒂萨河是匈牙利另外一条水运通道。匈牙利没有海港，但可通过多瑙河直接抵达黑海港口。

航空运输方面，从北京可以乘坐汉莎航空、荷兰航空、法国航空、俄罗斯航空、芬兰航空、瑞士航空、土耳其航空等多家航空公司的航班抵达布达佩斯，但需要通过其他国家中转，主要中转城市有法兰克福、巴黎、维也纳、阿姆斯特丹、莫斯科、赫尔辛基、伊斯坦布尔等，飞行时间为 10 ~ 15 个小时。

2 通信

为了符合加入欧盟的要求，匈牙利政

府 2001 年通过了一个电信自由化法案。该法案开放了国内和国际固定电话市场，移动通信市场亦已放开。

匈牙利通信基础设施完善，通信市场完全自由化，外资企业在该国通信市场中占支配地位。目前，匈牙利固定电话市场约一半的市场份额由德国电信及其子公司匈牙利电信控制。移动通信市场由德国电信、挪威丁公司和英国沃达丰公司三分天下。互联网市场有数十家服务供应商，在宽带服务方面，匈牙利电信占约 35% 的市场份额。

据匈牙利国家媒体和信息通信管理局统计，截至 2013 年底，匈牙利固定电话用户数为 280 万户，普及率 28%；移动电话用户数为 1170 万户，普及率 118%；家庭互联网用户数为 640 万户，普及率 65%。

特别提示

★ 匈牙利实行高速公路票制度，驾驶者上路前要购买高速公路票，逃票会面临高额罚款。

★ 布达佩斯整个地铁系统由黄、红、蓝、绿 4 条线构成，目前全长 39.1 公里，每年运送旅客近百万人。

★ 为增加财政收入，经国会投票表决，2012 年 7 月 1 日起，匈牙利开始征收通信特别税。

三 国民经济

1 宏观经济

（1）概述

受全球金融危机和欧洲主权债务危机影响，2008 年之后，匈牙利经济一度陷入衰退。在接受国际组织的援助和进行自身政策调整后，匈牙利经济逐渐开始复苏。2013 年，匈牙利经济呈现好转迹象，GDP 实现 1.1% 的微幅增长。经济增长主要源于三个方面：一是农业增产增收，农业产值增长 22%；二是工业微幅增长，建筑业表现超预期，工业增长主要得益于汽车工业的良好表现，汽车工业产值增长 19.1%，欧盟资金支持的公共工程项目陆续开工促成建筑业产值增长 9.6%；三是旅游业日渐繁荣，全年共有 883 万人次游客入住匈牙利酒店和家庭旅馆，分别增长 5.3% 和 4.6%。

2013 年，匈牙利国内需求缓慢复苏。自 5 月以来，社会消费品零售总额环比呈上扬态势，全年同比增长 0.9%。通货膨胀大幅回落。全年消费价格指数（CPI）同比增长 1.7%。近几年，匈牙利失业率持续降低，但新增就业人数主要就职于公共事业临时性岗位，实际就业状况未有实质性改善。

尽管全年国内投资同比增长 4%，但投资增长主要来自欧盟资金支持，而非真正意义上的商业投资。居民收入没有显著增加，国内需求恢复缓慢，内需对经济增长的贡献有限。匈牙利实体经济中缺乏有效的驱动力，短期内看不到经济大幅上涨的趋势，中期预期将维持低速增长。

2013 年 8 月，匈牙利经济部宣布，政府在过去三年中采取的措施让匈牙利已经开始了一段时间的可持续性经济增长。匈牙利提前偿还了国际货币基金组织的贷款，事实证明匈牙利是一个经济独立的国家，并已经有能力从市场中获得集资。总之，从一定程度上说，匈牙利已经走出了经济衰退，正向良性循环的方向发展。

2014 年 6 月 13 日匈牙利新任总理阐述了本届政府经济政策，主要包括：任期内将经济发展目标由目前的 2% ~ 4% 提高至 4% ~ 6%；将个人所得税由目前的 16% 降至 10% 以内；创建新工作岗位，实现全民就业；继续征收银行税、能源税、通信税及零售税，并拟征收广告税等。

（2）国际收支

受 2008 年金融危机和随后欧洲主权债务危机影响，匈牙利的进出口在 2009 年出现了大幅下降。随着欧元区国家经济有所回升，2010 年后，匈牙利的对外贸易随之逐步回升。2013 年，匈牙利对外贸易总额为 1564.29 亿欧元，同比增长 2.1%。其中，出口 817.19 亿欧元，增长 2.2%，进口 747.10 亿欧元，增长 1.9%，贸易顺差 70.09 亿欧元，增长 5.3%，超过金融危机前的水平。随着欧洲经济环境的逐步好转，匈牙利的进出口有望保持稳定上升趋势。出口增长主要得益于汽车工业、农业及制造业等传统行业的拉动，而计算机及其零部件、光学设备、高新技术领域的出口继续下降。

匈牙利的进出口主要依赖欧盟成员国，2013 年出口的

77.1% 面向欧盟成员国，其中 15 个欧盟老成员国占匈牙利全年总出口额的 54.3%；进口中的 71.6% 来源于欧盟成员国，其中 15 个欧盟老成员国占匈牙利进口总额的 51.7%。2013 年匈牙利前四大出口目的国为德国、罗马尼亚、奥地利、斯洛伐克；前四大进口来源国为德国、俄罗斯、奥地利、斯洛伐克。

（3）外债

连续多年的财政和经常账户赤字导致匈牙利外债水平、负债率长期居高不下，造成对国际金融市场的严重依赖。国际金融危机爆发后，外国资本抽逃，福林贬值，出口下降，外债负担更为加重。在政府一系列措施的调控下，2010 年后，外债规模逐渐缩小，2012 年外债占 GDP 的 79.8%，2013 年这一比例缩小到 79.2%，但外债总额仍有 1711.15 亿美元。

（4）财政收支

2013 年，政府财政状况有所好转。全年政府财政赤字占 GDP 的比重为 2.3%。同年 6 月，匈牙利成功摘除欧盟对其实施长达 9 年的"过度赤字程序"帽子，并于 9 月提前还清国际货币基金组织贷款。2013 年，匈牙利国债占 GDP 比重为 79%；官方储备资产（含黄金和外汇储备）合计 340 亿欧元。不过，出于对本国经济的保护，匈牙利政府决定在 2020 年以前暂不考虑加入欧元区。

2　贸易状况

匈牙利于 1973 年加入关贸总协定；1982 年加入国际货币

基金组织和世界银行；1989 年，匈牙利等国倡议成立欧洲复兴开发银行；1992 年 12 月，匈牙利与波兰、捷克、斯洛伐克签署了中欧自由贸易协定，通过降低关税税率、消除关税外的其他贸易壁垒，促进缔约国之间的贸易自由化；1996 年，匈牙利成为经济合作与发展组织的第 27 个成员。自 1989 年开始，匈牙利实行贸易自由化，打破了国家对外贸经营的垄断管理。匈牙利是世界贸易组织成员。2004 年 5 月，匈牙利成为欧盟成员，匈牙利已经采用了欧盟的共同外贸政策和措施。因此，匈牙利的进口关税和欧盟关税税率一致，即低于入盟前匈牙利关税税率。此外，进入匈牙利的商品需要缴纳增值税。所有匈牙利企业可以自由与外国公司进行贸易活动。匈牙利货币可以自由兑换，进口商可以自由购买外汇以便支付进口款项。匈牙利对民航运输、广播电视等领域外资持股比例做了不同程度的限制。作为一个开放的小国，匈牙利与国际贸易环境的发展相互依赖。匈牙利对外贸易策略的重心是为出口服务以及进一步吸引投资创造更好的新机会。匈牙利经济和交通部负责制定和实施贸易政策。该部负责按欧盟标准制定商业政策，与欧洲委员会签订双边和多边贸易协定，按照欧盟规定实施贸易政策。

匈牙利的主要贸易伙伴与转轨前相比发生了很大的变化。目前匈牙利出口产品的 82% 面向发达国家，其中 75% 销往欧盟国家，14% 销往中欧自由贸易协定国家；进口方面，约 67% 的产品从发达国家进口，其中 56% 以上的产品从欧盟进口。目前匈牙利的主要贸易伙伴有德国、奥地利、意大利、法国、美国；主要进口国家有德国、意大利、奥地利、俄罗斯、中国、法国、日本和美国等。在外贸商品的种类上，工业产品占主要部分，其中机械产品和运输设备所占比重最大。

匈牙利对外贸的一项管理手段是许可证管理制度。许可证种类包括：由工商旅游部发放的特别许可证、出口许可证、进口许可证、基于消费全球配额发放的许可证、基于自限协定发放的许可证。匈牙利需要许可证的商品主要是：危险品、对环境造成污染的物品、军需品、麻醉品、废料、可再生的废品及部分农产品。受全球配额限制、进口数量有限定的商品是：服装、鞋类（皮鞋及仿皮皮鞋）、家用纺织品等。基于出口自限协定需要许可证的商品有：纺织品、钢材、绵羊等。需要进出口特别许可证的原料产品有：能源产品（如燃油和其他石油制品）；贵金属、贵金属制品和含贵金属的废料、影响环境卫生保护的危险废料（如某些金属、化学产品、废品和一些用于国内生产的二手原料）；医药制品；炸药；军用设备和民防工具；含麻醉剂的产品、生产麻醉剂的药料和麻醉剂。

外贸管理的另一项重要手段是关税，根据各国经济发展程度的不同，实行区别对待的关税政策，除最惠国待遇外，匈牙利给予一些发展中国家普惠制待遇，与中东欧国家按中欧自由贸易协定、与欧盟根据联系国协定规定的有关税率实行。根据中匈两国 1990 年签订的经贸协议，匈牙利给予中国最惠国待遇。其他的管理手段还有商品检验、商标和专利注册。需商检的商品有：家用电器、精密仪器、大型机械产品、运输设备、化妆品、食品、农产品等。匈牙利专利局是负责商标和专利注册的主管部门。外国人可直接注册商标或专利，根据匈牙利有关法律规定，专利保护期为 20 年，商标为 10 年，经申请均可延长。匈牙利海关对以下商品免税：在运输途中受到国际海关条约保护的应纳税商品；由承运人保管的应纳税商品；海关办公室先前用现金购得的商品；除应缴纳消费税的商品外，以来料加工的名义进口的纳税产品和存放于保税库中的商品。匈牙利海关对进入其国内流通领域的商品，除征收海关关税外，还征收普通流通税、消费税、统计费用和海关清关费。

匈牙利财政部规定，对产品进行过实质性加工，即加工增值超过 60% 的产品即为原产地（即匈牙利）的商品。由于外国资本的不断进入和新的出口空间的形成，出口增长将超过外部需求。另外，经济的不断发展使匈牙利的竞争力不断增强，其吸引外国直接投资的能力也不断增强，促进了市场多样化和旅游的发展。

3 投资状况

匈牙利曾是中东欧国家中引进外资最多的国家之一，但近年来匈牙利在吸引外资方面面临越来越多的地区竞争，从 2002 年起，外国投资规模开始下降。特别是受国际金融危机和欧债危机的影响，匈牙利外资流入的势头有所减弱。

外国直接投资主要来自欧洲国家，其中德国为第一大外资来源地，其次为荷兰、奥地利、卢森堡和法国。美国和俄罗斯是欧盟以外对匈牙利投资的最大来源地。外商投资领域主要集中在零售、金融、通信、汽车、电子等行业。目前匈牙利移动通信业、保险业、电力分销、银行业、汽车等行业主要都被外资控制。

达沃斯世界经济论坛《2012～2013年度全球竞争力报告》显示，匈牙利在全球最具竞争力的144个国家和地区中，排名第60位，比上年下降12个位次。世界银行发布的2016年《全球营商环境报告》显示，在155个经济体的营商便利度排名中，匈牙利列第42位。

匈牙利"向东开放"政策的另一个重要组成部分是与日本加强联系。2013年11月，欧尔班对日本进行了正式访问，与日本首相安倍晋三举行会晤。随同访日的还有61名匈牙利企业家，他们主要来自汽车工业、信息技术、食品和葡萄酒业，以及机械和金属工业领域。同期，日本商业协会和匈牙利外经局共同举办了日本－匈牙利商业论坛，共有150名企业家参加了此次论坛。欧尔班在讲话中表示，匈牙利和中欧国家支持日本和欧盟尽早缔结自由贸易协定。两国首脑会晤之前，日本外务大臣岸田文雄在8月先期访问了布达佩斯，与匈牙利外长亚诺什·马尔托尼（János Martonyi）举行会谈。双方外长签订了社会保障协议，协议规定匈牙利人在日本工作期间或日本人在匈牙利工作期间计算退休金的问题。马尔托尼表示，日本是匈牙利至为重要的策略伙伴，鼓励日本公司到匈牙利投资，推动两国经济关系发展。

特别提示

· ·

★ 匈牙利并不属于欧元区国家。匈牙利的货币单位为福林，目前的汇率为 1 欧元（EUR）=283 匈牙利福林（HUF）。

★ 目前，匈牙利全部贸易额的 83% 是与欧盟和其他发达国家（如美国和日本）完成的，同中东欧国家的贸易额占贸易总额的 12%。

★ 匈牙利主要出口产品有电子产品、机械设备、交通工具以及化工产品。

★ 匈牙利进口产品中，机械设备所占比重为 52%，制成品约占 36%，主要有汽车零部件、计算机设备、汽轮机、测量仪器。此外，还大量进口石油、天然气。

· ·

扩展阅读：在匈牙利投资的主要世界 500 强企业

序　号	企业名称	投资产业	国　别
1	大众	汽车及发动机	德国
2	铃木	汽车	日本
3	戴姆勒	汽车	德国
4	通用汽车	汽车零部件	美国
5	电装	汽车电子	日本

序　号	企业名称	投资产业	国　别
6	米其林	汽车轮胎	法　国
7	爱立信	通信设备	瑞　典
8	通用电气	电子	美　国
9	三星	电子	韩　国
10	飞利浦	电子	荷　兰
11	博世	电子	德　国
12	国际商用机器	电子	美　国
13	三星电子	电子	韩　国
14	西门子	电子	德　国
15	伟创力	电子	新加坡
16	华为	通信设备	中　国
17	美国铝业公司	铝业	美　国
18	可口可乐	饮料	美　国
19	雀巢	食品	瑞　士
20	联合利华	食品、日化	英国｜荷兰
21	赛诺菲－安万特	制药	法　国
22	葛兰素史克	制药	英　国
23	菲利普－莫里斯	烟草	美　国
24	英美烟草	烟草	英　国
25	壳牌	石油	荷　兰
26	奥地利石油天然气集团	石油	奥地利
27	埃尼石油公司	石油	意大利

续表

序　号	企业名称	投资产业	国　别
28	意昂集团	能源	德　国
29	苏伊士集团	能源	法　国
30	德国电信	通信	德　国
31	沃达丰	通信	英　国
32	特易购	零售	英　国
33	欧尚	零售	法　国
34	麦德龙	零售	德　国
35	比利时联合银行	银行、保险	比利时
36	联合信贷集团	银行	意大利
37	联合圣保罗银行	银行	意大利
38	德意志银行	银行	德　国
39	德国商业银行	银行	德　国
40	花旗集团	银行	美　国
41	中国银行	银行	中　国
42	摩根士丹利	金融服务	美　国
43	安联保险	保险	德　国
44	忠利保险	保险	意大利
45	安盟保险	保险	法　国
46	荷兰全球保险集团	保险	荷　兰
47	荷兰国际集团	保险、银行	荷　兰
48	安盛	保险、银行	法　国

注：大众子公司奥迪在匈牙利设立汽车及发动机生产基地。
资料来源：中国驻匈牙利大使馆。

4 货币管理

1996 年 1 月 1 日,匈牙利货币福林在境内商业交易中基本上实现了自由兑换。2001 年废除了所有资本项目下的外汇管制。福林完全可兑换,福林在匈牙利仍是法定货币,但境外的个人或法人可以用外币进行债权债务的结算;境内个人和法人不再需要通过银行转贷获得外国贷款。

为了符合欧盟标准,匈牙利调整了货币政策,并降低通货膨胀率。政府和中央银行共同决定汇率机制的参数,把汇率对欧元的波动幅度从 ±2.25% 放宽到 ±15%,但仍然实行"盯住"操作。在制定波动幅度的时候尽量与欧洲汇率机制(ERM Ⅱ)保持一致。在允许浮动的幅度内,由市场决定汇率走势。

四　产业发展

目前，匈牙利境内共有 200 多个工业园区，总面积一万多公顷，入驻企业 4000 多家，半数以上位于高速公路附近。暂无中国企业入驻。

匈牙利的工业园区均作为独立的商业实体来运营，政府并不向其提供特殊的优惠政策。对于入驻企业，工业园区能够提供生产所需的基础设施（水电气、废水处理等），咨询，安全保卫，办公场所等服务。由于各工业园区实际情况不同，其重点发展产业也不相同。近年来匈牙利在政府发展规划中提出将进一步鼓励发展绿色经济，鼓励可再生能源的开发应用，鼓励科技创新，扶持中小企业发展，强调工业部门的节能降耗。因此，匈牙利的工业园区将逐步由经济开发转向高新技术和生态园区。

通信产业是匈牙利的重要行业之一[①]，2012 年，通信终端消费收入达到 8537 亿福林（约合 39 亿美元），通信信息产业产值达 1.2 万亿福林（约合 55 亿美元），占国民生产总值的 4.4%。目前，匈牙利移动通信市场主要被三大运营商垄断，分别是 T-Mobile、Vodafone 和 Telenor。其中，T-Mobile 进入匈牙利市场较早，占据了移动通信市场 45% 的份额，其主干网及设备主要由爱立信提供并建造；Telenor 位列第二，占

[①] 匈牙利通信业的信息来自http://hu.mofcom.gov.cn/article/redianzhuizong/201406/20140600642915.shtml。

据 35% 的市场份额，其主干网及设备主要由中兴通讯提供并建造；Vodafone 占据 20% 的市场份额，其主干网及设备主要由华为提供并建造。

截至 2013 年底，匈牙利手机用户增至 1170 万，比 2012 年增加了 0.8%，手机普及率高达 118%，即每 100 人就拥有 118 部手机。其中，后付费用户 620 万，同比增加 2.8%，占全国手机用户的 53%；预付费用户 550 万，同比下降 1%，占比 47%。由于手机用户市场容量饱和，移动运营商开始以数据业务为新增长点，致力于网络基础设施建设和数据增值服务。目前，3G 网络已覆盖匈牙利全境，特别是在边境地区，网速也已达到 80Mbps。T-Mobile 加速布局 4G 业务，称其 4G 网络已经可以覆盖布达佩斯 99% 的人口，以及其他 60 个城市。得益于移动网络的完善以及智能手机的发展，2013 年，匈牙利移动数据业务大幅增长 16%。

匈牙利互联网基础设施发达，在 OECD 主要 IT 指标名单中排名第六，在欧洲仅次于瑞典、爱沙尼亚和芬兰。2013 年，匈牙利互联网用户达 640 万，同比增长 19%，比 2003 年增长了 9 倍。互联网普及率达 65%，在欧洲国家名列前茅。目前，匈牙利互联网业务 93% 的市场份额被 7 家公司控制，主要是匈牙利电信公司、UPC、Invitel 等，市场份额分别为 35%、22% 和 10%。其他中小型公司已逐步退出市场，2013 年，有 14 家公司出售了其网络设施。

特别提示

....

★ 匈牙利农业基础较好。农业用地占全国土地的 2/3，
　主要种植小麦、玉米、甜菜、土豆、葡萄等。

★ 2013 年，匈牙利农业产值增长 0.9%，占 GDP 的比重为 4%。

★ 匈牙利工业门类多，地区分布也较为平衡。电子和
　光学设备、汽车工业是主要工业部门。

★ 2008 年国际金融危机对匈牙利产生了较大影响。
　2009 年，工业生产出现负增长。2010 年后，外需
　回升带动工业生产增长。2013 年工业产值同比增长
　1.4%，占 GDP 比重为 21.8%。

★ 为应对金融危机，匈牙利决定从 2010 年起对能源、
　金融、零售、电信等企业征收特别税。针对特殊行
　业和产品，匈牙利还有消费税、公共健康产品税、
　环保产品税、能源税、文化税等税种。

★ 匈牙利服务业发展迅速，雇用了约半数劳动力，
　2013 年服务业占 GDP 的比重为 54.5%。银行业和
　旅游业是其重要部门。

★ 匈牙利是中东欧地区重要的交通枢纽，具有发展物
　流业的先天优势。

★ 匈牙利希望外国投资的重点领域是汽车、生物制药、
　电子、食品加工、可再生能源及服务业，并在优惠
　政策总框架内给予支持。

★ 匈牙利政府规定自 2014 年 1 月 1 日起，一般工人最低月工资为 101500 福林，受过中等教育的技术工人最低月工资为 118000 福林。雇工正常工作时间是每天工作 8 个小时或每周工作 40 个小时。雇主可以要求雇员节假日加班，但一年加班时间不得超过 200 个小时。

扩展阅读：匈牙利的核能发电[①]

匈牙利于 1956 年成立国家原子能委员会（OAB），第一座研究用核反应堆于 1959 年达到临界状态，1966 年与苏联原子能出口公司签署核电站建设协议，1969 年加入核不扩散条约（NPT），1974 年鲍克什（Paks）核电站动工建设。匈牙利是核供应国集团（NSG）及欧洲原子能共同体（Euratom）成员。

鲍克什核电站是匈牙利唯一一座核电站，拥有 4 台苏联制造的 WER-440-V-213 型第二代压水反应堆核电机组。核能发电约占匈牙利电力生产市场 40%，对于平抑电力市场价格，确保电力供应安全以及促进匈牙利经济社会发展发挥了重要作用。2013 年，匈牙利全国电力总产达到 360 亿度，其中鲍克什核电站的发电总量超过 158 亿度，占比 45%。

① 资料来源：http://hu.mofcom.gov.cn/article/redianzhuizong/201406/201406006 42911.shtml。

五   金融体系

1 匈牙利资本市场

匈牙利资本市场资金相对充足，75% 的融资来自银行。除某些特定的政府特许信贷（如小微型企业贷款）外，外国投资者在当地市场融资借贷与当地投资者没有差别。近几年受金融危机和欧债危机影响，匈牙利外债居高不下，融资成本大幅上升，市场流动资本大幅减少，直接融资市场发展不足，股票交易市场规模较小，流动性较低。

20 世纪 80 年代，匈牙利开始建立相关机构发展金融市场。1982 年匈牙利加入国际货币基金组织及世界银行，是当时东欧国家中第一个建立二级银行体系的国家。20 世纪 90 年代初，政府进行银行资本重组，同时建立了一些新的金融机构，如国家信用保证基金会、证券保证基金会、国家输出入银行、出口信用担保机构等。

1990 年，布达佩斯交易所重新开业，1995 年布达佩斯证券市场增长 18%。全年新上市股票共有 5 种，大部分是国家有价证券。交易所里共有国家证券 84 种，其中国库券和国家债券占总资本量的 68%。目前该证券交易所有 50 个成员，40 家公司在一级市场和二级市场上发行有价证券，超过 80 家基金的有价证券向投资者开放。匈牙利的《资本市场法》对有价证券的发行或退市、转换和交易均有具体规定。自 2007 年 12 月，匈牙利对投资服务供应商和商品经纪人的服务行为单独立法，实施《投资企业和商品交易服务商及其活动许可规则法案》。

2　匈牙利银行体系

2001 年，匈牙利国会遵循欧盟的统一标准，制定并通过了新的中央银行法，该法保证了央行在制度、人员以及财务上的独立性；取消了央行为政府财政提供融资的职能。新的中央银行法宣布，实现和保持物价稳定是央行的首要目标。央行的基本任务是：保持本国货币的稳定，制定和执行货币政策；享有唯一的货币发行权；管理官方外汇储备和黄金储备；进行与外汇储备管理相关的外汇操作，执行汇率政策；组建和规范国内支付及清算体系，并且保证其有效运行；收集和公开必要的统计信息和数据；维护金融体系的稳定，促进与金融监管相关的政策制定和实施。

货币委员会是央行的最高决策机构，央行的基本任务、汇率以及向信用机构紧急贷款等这些主要的决策都由其负责。

央行监事会的监管职能现在被国家审计署（SAO）接替，国家审计署负责检查央行的运行是否遵守法律法规、章程以及股东大会决议，其监管范围包括央行的整个运作管理。

央行行长由政府总理提名、总统任命，行长向国会汇报工作；副行长和货币委员会的其他委员也由总统任命。1996 年匈牙利《信贷机构和金融企业法案》出台，它参照欧盟标准，对匈牙利有关银行的法律进行了调整，并引入了全能银行模式。

扩展阅读：匈牙利金融业法律法规及监管标准

根据法律规定，到匈牙利投资者可享受优惠政策以及中央、地方政府的补贴，投资金额越大优惠越多。投资领域及合作伙伴可自由选择，政府不加干预。匈牙利政府对吸引外国投资给予明确的优先政策。为了使投资环境更加有利，政府采用税务假日、税务补贴以及给予某些公司特殊的税务待遇等方式，推行了一系列的财政鼓励措施。匈牙利对大投资者实行下列税收优惠。

①对于在基础设施和公共设施建设投资的外商，匈牙利政府通过财政拨款提供资金支持，最大比例为投资额的 33%，最多不能超过 2 亿福林；

②向基础设施建设提供免息贷款；

③对在国际市场上有竞争力的产品的投资提供免息贷款，最高限额为 2 亿福林；如果投资额超过 10 亿福林，则最高限额为 4 亿福林；

④提供利息或担保补贴，最高比例可达利息或担保费用的 50%；如果在匈牙利的欠发达地区投资，政府在以上几项的扶持比例可再提高 10%；

⑤在欠发达地区每创造一个就业机会就补贴 100 万福林。

政府有关部门通过优惠贷款、无息贷款和补贴等

形式扶持环保方面的投资。外国在匈牙利投资的主要
领域是高附加值、高品质的产品上，许多外资企业倾
向于在匈牙利建立辅助性服务中心。迄今，外商在匈
牙利投资中，制造业占总投资的 36%，房地产和商
业占 16%，金融服务业占 12%，公用设施占 9%，其
他行业占 27%。投资优先领域主要是：能源供应多样
化系统，与西欧能源供应系统的联网（电力、煤气、
油）；电力生产的发展（电站建设规划）；能源的合理
化利用；基础生产资料工业的现代化（冶金、铝工业、
塑料制作）；旨在提高产品质量、创立具有竞争力的
专业技术培训班；发展出口产品（开创国内客车制造
业、发展基础工业、开发信息学与电话技术和配件、
确保农用机械供应）；在医药工业及生物工艺学领域
内实现产品的高智能化；发展旅游业（高标准旅游、
饭店建设、温泉疗养旅游、购物中心、公寓及娱乐设
施）；发展服务行业，开发食品工业、提高质量扩大
出口；发展基础设施（建立通信设施及其网络、促进
运输、公路建设、货物运输的现代化）。

为鼓励外商直接投资，特别是在欠发达地区进
行投资，匈牙利政府规定：如果一次创造的就业机
会超过 50 个，每个就业机会最高可获得政府补贴
150 万福林。另外，为解决就业问题，匈牙利建立了
就业基金。政府主管部门和就业基金通过工资补偿
（50%～100%）、招聘费用补偿（最高 50 万福林）以

及失业人员培训（50%～100%）等多种形式，鼓励外商企业创造更多的就业机会。

　　根据匈牙利外国企业投资法的规定，任何外籍自然人和法人均可在匈牙利投资，除被匈牙利法律禁止或限制的有关部门企业外，任何从事经济活动的合资公司均可成立。全部为外国人拥有的公司以及主要为外国人控制的公司，在匈牙利建立公司须经匈牙利商业法院批准。如公司提出申请在 90 天内未遭拒绝，则认为已被批准。外资股份比例较小，起不到对公司控制作用的公司无须经外汇管理机构和其他部门的批准。

特别提示

★ 外国银行在匈牙利设立附属行或在匈牙利银行中参股 10% 以上无须匈牙利政府的批准。

★ 匈牙利国内或国外的信贷机构、保险机构和投资公司可以持有匈牙利金融机构 100% 的股份，但单一持股人的持股比例上限是 15%。

★ 匈牙利最大的 10 家银行是 OTP 银行、商业信贷银行、大宇银行、匈牙利外贸银行、中欧国际银行、赖发森银行、邮政银行、AEB 银行、布达佩斯银行和花旗银行。

匈牙利
HUNGARY

第四篇
双边关系

匈牙利
HUNGARY ....

一 双边政治关系

1949 年 10 月 4 日，匈牙利宣布承认中华人民共和国。10 月 6 日，两国建立外交关系。20 世纪 50 年代末，中匈高层往来逐步中断。60 年代，随着中苏关系恶化，中匈两国关系转冷，摩擦增多。70 年代，中匈两国维持正常国家关系，但两党交往中断。80 年代后，在双方共同努力下，中匈两国、两党关系逐步正常化，双边高层往来增多，合作领域扩大。

1994 年 9 月，匈牙利共和国总统根茨·阿尔巴德访华。1995 年 7 月，中国国家主席江泽民访问匈牙利。1997 年，中匈签署了有关中国加入世贸组织的双边市场准入协议。2000 年，匈牙利与中国发表联合声明，该声明将两国关系定义为良好、建设性的伙伴关系，确定了两国关系原则的政治基础和发展方向。

2004 年，两国一致同意将双边关系提升为友好合作伙伴关系。近年来，两国高层交往频繁，政治互信不断增强，经贸合作日益密切。2011 年 5 月，国务委员戴秉国赴匈牙利出席第二轮中欧高级别战略对话并访问匈牙利，同年 6 月底，中国国务院总理温家宝对匈牙利进行了正式访问。2012 年 4 月 30 日至 5 月 1 日，中国国务院副总理李克强访问匈牙利。2014 年 2 月，匈牙利总理欧尔班·维克托对中国进行正式访问。

二　双边经济关系

东欧剧变之前，匈牙利是经互会成员，经互会成员国之间进行生产分工，且相互供货。经互会解体使各成员国经济衰退，原来的供销体系不复存在。20 世纪 90 年代初期，匈牙利的服装、鞋帽等轻纺产品紧缺，同时，当时匈牙利与中国的签证互免，这使众多中国个体商人到匈牙利经营中国廉价的轻纺产品。当时以浙江、福建的个体经营者为主的中国商人大批进入匈牙利，于是在匈牙利建立了中国商品批发市场。与此同时，中国的一些贸易公司也纷纷进入匈牙利，从事服装等轻纺产品贸易。

进入 21 世纪后，中国机电产品的出口额逐渐增加，其所占中国对匈出口总额的比重有所上升，而服装等产品的出口占中国对匈出口总额的比重下降到 40%，中国机电产品的出口额所占比重增加到 46%。2013 年中匈双边贸易额为 84.1 亿美元，同比增长 4.277%，匈牙利继续保持中国在中东欧地区第三大贸易伙伴地位。

中国是匈牙利一个重要的贸易伙伴。匈牙利出口产品以机器和交通工具为主，而在中国的出口产品中，零配件占绝大部分，服装等轻纺产品也占较大比重。

中国与匈牙利贸易双边协议主要有：中华人民共和国政府和匈牙利共和国政府关于海关互助与合作的协定；中华人民共和国政府和匈牙利共和国政府贸易协定；中华人民共和国和匈

牙利共和国关于鼓励和相互保护投资协定；中华人民共和国政
府和匈牙利共和国政府关于对所得避免双重征税和防止偷漏税
的协定；中匈旅游合作协议等。

中国与匈牙利贸易统计

年份	中国出口		中国进口		顺差（亿美元）
	出口额（亿美元）	增长率（%）	进口额（亿美元）	增长率（%）	
2009 年	53.4	−12.4	14.7	6.1	38.7
2010 年	65.2	22.1	22.0	49.7	43.2
2011 年	68.1	4.5	24.5	11.4	43.6
2012 年	57.4	−15.7	23.2	−5.3	34.2
2013 年	56.9	−0.87	27.2	17.2	29.7

资料来源：中国商务部统计数据。

　　近年来，两国企业间的相互投资不断扩大，合作领域日益
拓宽。中国银行在匈牙利设立了中东欧地区最早的一家直属行，
匈牙利是中东欧地区中资机构和华商最为集中的国家之一。华
为、中兴、烟台万华、上海建工、钱江摩托、七星华创、联想
集团等企业相继在匈牙利开展贸易和投资活动。截至 2013 年
底，中国对匈牙利累计投资达 29.6 亿美元，雇用当地员工超
过 5000 人，投资领域为金融、化工、通信、新能源等。截至
2013 年底，匈牙利对中国累计投资 3.57 亿美元，投资领域包
括污水处理、水资源管理、建材、食品加工和家禽饲养等。

2013 年以来，中匈继续加强经济合作。2013 年 1 月 25 日，第 113 届中国进出口商品交易推介会在匈牙利布达佩斯举行；7 月 1 日，2013 年高交会匈牙利分会在布达佩斯举行；9 月 9 日，中国人民银行行长周小川与匈牙利中央银行行长马托尔奇在瑞士巴塞尔国际清算银行总部共同签署了中匈双边本币互换协议，互换规模为 100 亿元人民币 /3750 亿匈牙利福林，有效期 3 年，经双方同意可以展期；12 月 20 ～ 21 日，国家发展改革委基础产业司司长黄民和外交部欧洲司副司长兼中国 – 中东欧国家合作秘书处副秘书长陈波率"匈塞铁路考察组"访问匈牙利，就落实中、匈、塞三方合作建设匈塞铁路交换意见，并实地考察布达佩斯—贝尔格莱德（匈牙利段）的铁路情况。2014 年 2 月 12 日，匈牙利总理欧尔班·维克托到访中国银行时表示匈牙利政府将支持中国银行成为当地人民币业务清算行；2 月 12 日在北京举办了中国 – 匈牙利经贸论坛。

特别提示

★ 现在，匈牙利有数以千计的中国公司，这些公司绝大部分是从事服装、鞋帽贸易的小公司以及中国餐馆。

★ 目前，中国在匈牙利总投资额达 1.2 亿美元，绝大多数为在匈华商投资。

★ 匈牙利是中国在中东欧地区的重要贸易伙伴，中国为匈牙利第九大及欧洲以外第一大贸易伙伴。

★ 2001 年匈牙利正式向中国有关部门递交了作为中国公民自费旅游目的地国的申请，2002 年 12 月中国正式批准匈牙利为中国公民出国旅游目的地国。

位于 Eger 的天主教堂
图片提供：达克影像

三　双边关系中的热点问题

　　在"向东开放"政策的指引下，近年来匈中在各领域的交流都达到了历史新的高度，特别是在金融、投资和基础设施建设等方面都有重大进展。2013年11月，中国－中东欧国家领导人在罗马尼亚布加勒斯特举行会晤。中方拥有先进的核电技术和雄厚的建设实力，愿意深入推进农业、清洁能源、金融、人文等方面的合作。匈牙利总理欧尔班表示，匈中商定的合作项目取得积极进展，合作规模不断扩大，有力地促进了匈牙利经济、社会发展。匈方支持中国进一步发展与中东欧国家的关系，尤其是支持中国企业投资。同时，中国总理李克强、匈牙利总理欧尔班和塞尔维亚总理达契奇共同宣布，三国合作建设连接贝尔格莱德和布达佩斯的匈塞铁路。匈塞铁路成为中国－中东欧合作中的标志性项目。中国具有成熟的铁路建设装备、技术和施工经验，性价比优势明显，中东欧国家有市场需求，双方完全可以实现互利共赢。

2013 年，匈牙利外交及对外经济国务秘书兼匈中双边关系政府专员彼得·西亚托多次访问北京，推动中匈在基础设施建设、投资、文化等方面的合作。在 2013 年 4 月的访问中，西亚托与外交部副部长宋涛举行了会谈，双方均表示继续发展匈中经济关系是两国的重要目标。西亚托还与中国商务部副部长蒋耀平、中国土木工程集团有限公司以及国家开发银行高层会晤，协商双方如何将 10 亿欧元中国贷款用于中土集团参与的匈牙利铁路线建设。

匈牙利成为一些中国公司进入欧洲市场的"桥头堡"。2013 年 4 月，匈牙利政府与中国华为技术公司签订了战略合作协议。华为将在今后继续扩展匈牙利生产厂的业务，并将吸纳更多匈牙利本土供应商进入其供应链。华为科技公司 12 月在布达佩斯西部建立了 3 万平方米的物流中心。华为的所有产品都将通过匈牙利进入欧洲市场。另外，作为世界第二大异氰酸酯生产商的中国万华集团，2013 年在匈牙利继续拓展业务。该公司在 2011 年通过收购包思德公司进入匈牙利市场，后在 2012 年 12 月又与匈牙利政府签订了再投资 16 亿欧元的协议。

2013 年，匈牙利启动了中国投资移民项目。为了让更多的中国投资者实现在匈牙利投资，匈政府于 2012 年 12 月底修改了第三国公民入境和居留法。根据新法，投资者购买 25 万欧元的 5 年期国债，即可取得 5 年期的匈牙利居留许可，取得该居留许可 6 个月并满足一定条件后即可取得永久居留权。

文化方面，2013 年 5 月，匈牙利人力资源部部长鲍洛格佐尔坦率团参加了中国 – 中东欧国家文化合作论坛；8 月中国在匈牙利成立了第三所孔子学院，由米什科尔茨大学与北京化工大学共同建设；11月匈牙利文化中心在北京正式揭牌。

金融方面，2013年9月中国人民银行与匈牙利中央银行在瑞士巴塞尔签署了中匈双边本币互换协议，旨在加强双边金融合作，促进两国贸易和投资，共同维护地区金融稳定。匈牙利央行表示，人民币可以在需要时资助匈牙利市场的融资活动。

扩展阅读：如何在匈牙利成立公司

在匈牙利成立公司有如下规定：根据匈牙利现行法律，在匈成立经济实体无须申请特别许可。任何自然人或法人、匈牙利人或外国人均可在匈成立经济实体。即使是一个人的股份公司和有限责任公司也允许成立，前提条件是公司所在地应在匈牙利。公司成立文件上（公司章程、公司合同）应有所有公司股东的签名。公司合同中应写明：①公司名称；②公司驻地；③公司股东名册及其姓名、住址、母亲姓名；④公司经营范围——某些经营活动需要申请专门的许可；⑤注册资本金额、其缴纳方式和时间；⑥公司注册方式；⑦公司领导姓名、住址及其母亲的姓名；⑧如果公司只成立一定时间（非无限期），则须注明期限；⑨相关法律就一些公司形式做出具体规定的内容。其中有限责任公司应根据事先确定的规模和出资额来设立，公司成立时的注册资本总额不能少于300万福林。货币出资总额不能少于注册资本的 30% 或 100 万福林。每股股金不少于 10 万福林，须用匈牙利福林表述，并可用 1 万福林整除。每位股东有一份原始股，但一份原始股可有多个所有者。

在递交公司注册申请之前，所有非货币出资均应缴入公司，并且至少向公司账户缴纳货币出资的一半、总额不少于 100 万福林之后，才能注册公司。股份公司按照预定的股份数量和股份面值设立，股东不承担公司的义务，法律规定的特殊情况除外。股份公司的资本总额即是所有股份面值的总额。自设立公司起股本总额不应少于 2000 万福林。股份公司有封闭式和公开式两种运作方式。股份公司的注册费用为资本金的 1%，最少 8 万福林，最多 60 万福林；公布费为 2 万福林；签字样本费为 8000 福林；注册证明书的翻译费为 2 万～5 万福林；律师费按件或计时收费，外加 25% 的流通税，此税可以要求退还；必须聘用法律代表，因公司文件必须有法律代表的副署；应将公司注册申请递交至公司法院，公司获准注册需要 60 天左右时间。递交公司注册申请后 15 天内到公司所在地税务部门报到登记；外国公司在匈的分公司和贸易代表处，须在收到税号通知后 15 天内向税务局递交证明其为外国公司的文件，该证明文件的开具日期不能早于 90 天，并需译成匈牙利语，递交公司注册申请后 15 天内履行会计义务；在匈牙利，无论经营活动属于哪一种法律形式，均须缴纳企业所得税。

四 匈牙利当地主要中资企业

（一） 到匈牙利开展投资合作和就业生活应该注意的事项

在匈牙利办理长期工作签证的手续较为复杂，在得到主管部门颁发的工作许可后，相关人员必须回国在匈牙利驻华使馆办理工作签证，一般时间为 2 个月。

中东欧经济增长总体快于西欧，并且欧盟积极推进一体化进程，通过提供资金支持以消除东西欧基础设施方面存在的差距，这使包括匈牙利在内的中东欧承包工程市场具有相当大的潜力。随着匈牙利经济逐步复苏，市场机会将随之显现。根据匈牙利新塞切尼计划，匈牙利确定了房屋建筑、交通建设等七个优先发展领域，这为中国承包工程企业开拓匈牙利市场提供了良好的机遇。

在劳务合作方面，匈牙利针对外来劳务人员的现行管理办法是依据1999年发布的《外国公民在匈牙利工作许可证法令》。该法令的原则是严格控制外国公民在匈牙利就业，保证本国公民的优先就业权。中匈劳务合作规模有限。目前，中国公民在匈牙利就业只能申请工作许可，就业的主要行业为餐饮业。匈牙利对外籍劳务政策严格，办理条件苛刻，工作许可证只发放给雇主，且官方会做劳务市场调查，以保证本国公民优先权；工作许可证的限制较多，劳动力不能随意流动，改变就业单位需重新申请工作许可证。尽管匈牙利已经加入申根协定，但中国劳务人员不能在申根协定国之间随意流动就业；工作许可证有效期仅 1 年，超过 1 年即需重新办理。

匈牙利与欧洲多数国家一样，治安状况整体良好，针对外国人的暴力事件不太常见。但是以下情况需引起注意：针对驾车旅行者的劫财时有发生，不要搭理陌生人，不要轻易离开车辆，不在车厢内放置包、箱等；人群集中的地方谨防小偷，重要证件和钱物应贴身放好，不要随身携带及暴露大量现金，不佩戴贵重首饰；使用信用卡时要注意保护密码，以防被复制和盗用；出入酒吧、夜总会、咖啡屋时需提防被诈骗，尽量拒绝主动提供、劝诱的服务；不在街头换汇，在正规兑换点或银行兑换并保存单据；夜间外出最好结伴而行，有当地人陪同最好；遇警察查验身份，应积极配合（如违抗，警察有权拘留当事人不超过 8 小时），同时需保持警惕，以防遇上骗财的假警察，被查公民有权询问并记下警察的姓名、代号等。

过去临近圣诞节期间，在中国人经常出入的地方如中国市场等地曾出现过多起抢劫和暴力事件。此外，匈牙利国内存在少数排外、仇外的极右势力，对这类人须敬而远之。

在匈牙利开展投资、贸易、承包工程和劳务合作的过程中，要特别注意事前调查、分析、评估相关风险，事中做好风险规避和管理工作，切实保障自身利益。这包括对项目或贸易客户及相关方的资信调查和评估，对投资或承包工程国家的政治风险和商业风险分析和规避，对项目本身实施的可行性分析等。相关企业应积极利用保险、担保、银行等保险金融机构和其他专业风险管理机构的相关业务保障自身利益。这包括贸易信用保险、投资信用保险、承包工程和劳务类信用保险、财产保险、人身安全保险，银行的理财业务，各类担保业务（政府担保、商业担保、保函）等。

建议企业在开展对外投资合作过程中使用中国政策性保险机构——中国出口信用保险公司提供的包括政治风险、商业风险在内的信用风险保障产品；也可使用中国进出口银行等政策性银行提供的商业担保服务。中国出口信用保险公司是由国家出资设立、支持中国对外经济贸易发展与合作、具有独立法人地位的国有政策性保险公司，是中国唯一承办政策性出口信用保险业务的金融机构。公司支持企业对外投资合作的保险产品，包括短期出口信用保险、中长期出口信用保险、海外投资保险和融资担保等，对因投资所在国（地区）发生的国有化征收、汇兑限制、战争及政治暴乱、违约等政治风险造成的经济损失提供风险保障。如果在没有有效风险规避措施的情况下发生了风险损失，要根据损失情况尽快通过自身或相关手段追偿损失。通过信用保险机构承保的业务，则由信用保险机构定损核赔、补偿风险损失，由相关机构协助信用保险机构追偿。

中国企业要关心匈牙利政府的换届和国会选举，尤其要关心地方政府选举的情况，关心当地政府的最新经济政策走向；要了解中央政府部门和地方政府的相关职责，了解国会各专业委员会的职责和其关注的焦点、热点问题；要对匈牙利国会所关心的焦点和热点问题予以关注，对与中国企业经营相关的重要议题，企业可旁听国会辩论；与所在辖区尤其是对经济、产业和就业事务有影响力的议员保持沟通，报告公司发展动态和对当地经济社会的贡献，反映企业发展中遇到的问题和困难；对企业可能在匈牙利当地产生重大影响的事务，要听取议员的意见，取得议员的支持。

中国企业需要全面了解匈牙利《劳动法典》和《工会法》，熟悉当地工会组织的发展状况、制度规章和运行模式。达到一定员工数量的企业可以自发组成企业工会。中国企业需要严格遵守匈牙利关于雇佣、解聘、社会保障等方面的规定，依法签订雇佣合同，按时足额发放员工工资，缴纳退休保险、残疾补贴保险、病假补贴保险、劳动基金和职工福利保障基金等，并对员工进行必要的技能培训。如解除雇佣合同，中国企业应按规定提前通知员工，并支付解聘补偿金。中国企业还需要认真了解企业所在地工会的组织发展情况，掌握工会组织活动的特点，做到知己知彼；要积极参加当地雇主协会尤其是本行业的雇主协会，了解业内工资待遇水平和处理工会问题的常规办法，在一些设有行业工会的产业，只有参加雇主协会才能够与行业工会谈判对话；在日常生产经营中，中国企业要与工会组织保持必要的沟通，了解员工的思想动态，进行必要的疏导，发现问题及时解决；为建立和谐的企业文化，中国企业应邀请工会成员参与企业管理，增强员工主人翁意识，激发并保护员工的积极性，凝聚员工的智慧和创造力。

匈牙利生态环保的重点领域是土壤、大气和水体。如果企业在生产经营中可能产生废气、废水和其他环保影响，应事先进行科学评估，关注匈牙利环保方面的政策和法规，并在规划设计过程中选好解决方案。在匈牙利，环保是一个独立的产业，市场上由专门的环保企业承担污水和废气处理业务。中国企业在投资合作中，要做好环保预算，根据规划方案选择适当的专业环保企业解决环保问题。

（二）在匈牙利设立分公司的中资企业一览表

境内投资主体	境外投资企业（机构）	省市	经营范围
佩尔优节能科技股份有限公司	PowerU EMC 匈牙利智能路灯照明和能源管理有限责任公司	北京市	工程活动及相关技术咨询
唐山神鹰科技有限公司	神鹰科技（匈牙利）国际贸易有限公司	河北省	国际贸易
上海汇澳进出口有限公司	华东（上海）东欧直销交易平台有限公司	上海市	国际贸易、转口贸易、产品的批发和销售；国际物流、报关货运及仓储；电子商务；商务服务；国际贸易和投资的咨询服务
苏州文祺进出口有限公司	威奇（匈牙利）电器有限公司	江苏省	家用电器产品、轻纺产品的研发销售，木材、酒类进出口及建立营销网络
江苏惠通集团有限责任公司	江苏惠通集团有限责任公司索尔诺克办事处	江苏省	产品质量走访、订单洽谈
常州市伟泰电子科技有限公司	匈牙利鸿泰康有限公司	江苏省	机械／电气制造、各种钣金制造，金属零件等其他与金属制造行业相关的项目
苏州顺祺国际贸易有限公司	匈牙利桑切舍国际贸易有限公司	江苏省	建立境外营销网点，设立独立仓储及货运设施；建立境外品牌专卖店，批发和销售自主品牌产品；建立成品加工基地；建立以苏州品牌为主题的海外贸易会展中心，组织和举行各类展会

续表

境内投资主体	境外投资企业（机构）	省市	经营范围
浙江省国际广告有限责任公司	佳盟贸易有限公司	浙江省	中国浙江品牌（匈牙利）中心的咨询、服务和运营
义乌市舸舫进出口有限公司	金凤凰责任有限公司	浙江省	饰品、日用消费品等批发
利欧集团股份有限公司	嘉玛花园工业和商务责任股份有限公司	浙江省	以机械为动力可携带手工工具制造（主要经营项目）；家用电器产品制造；其他电器设备制造；其他潜水泵压缩机制造；其他一般农业机械制造；农业机械、林业机械制造；家具家用产品，有色金属产品中介批发；其他产品的中介批发；日用产品中介批发；家用电器批发；电子电信技术产品和零件批发；农业机械和设备批发
建德市友联电器有限公司	莱姆进出口有限公司	浙江省	低压电器，日用百货的进出口及销售业务
绍兴邦尼针纺有限公司	邦尼国际贸易有限公司	浙江省	针纺织品、服装、床上用品及相关产品的批发和进出口贸易
宁波南车产业基地联合进出口有限公司	匈牙利（中欧）新能源装备有限公司	浙江省	南车旗下轨道交通装备的推广；宁波南车新能源交通装备推广（新能源无轨电车、有轨电车等）；"宁波制造"产品推广；中东欧闲置产业并购与收购咨询与服务；中东欧先进产品与技术的引进
安徽丰原集团有限公司	丰原索尔诺克生化股份有限公司	安徽省	主要从事柠檬酸、淀粉糖等生物化工产品的生产及以柠檬酸、味精、口服糖等系列产品为主的食品添加剂。此外，根据中国国内市场需求进口大豆、大麦、矿产、橄榄油、红酒等产品

续表

境内投资主体	境外投资企业（机构）	省市	经营范围
江西联创光电科技股份有限公司	H&C联创LED照明有限公司	江西省	LED光电子元器件、LED照明光源、LED显示屏、光电线缆的研发、制造和销售，其他电子、电器设备的制造、销售，电子和通信设备、办公机械和设备的销售，信息、技术咨询（有专项规定的除外）
新余吉阳投资有限公司	吉阳电力股份有限公司	江西省	太阳能电池、组件及相关产品和光伏应用产品的研发、制造、销售；光伏太阳能发电设备、产品的研发、制造、销售等
烟台新益投资有限公司	中匈宝思德经贸合作区开发有限公司	山东省	进出口贸易、对外投资及中匈宝思德经贸合作区开发建设和运营
山东帝豪国际投资有限公司	中欧商贸物流合作园区有限公司	山东省	商贸物流园区的筹建、运营及管理
山东金良羽绒制品有限公司	清华匈牙利股份有限公司	山东省	羽毛、羽绒及其制品的加工与销售

详细中资企业名录请参见：

中国商务部"中国对外投资和经济合作"网站 ⇨ "境外企业（机构）"，相关网址为 http://wszw.hzs.mofcom.gov.cn/fecp/fem/corp/fem_cert_stat_view_list.jsp。

扩展阅读：在匈牙利设立分公司的四家大型中资企业

（1）华为匈牙利公司成立于 2005 年 9 月，主要从事通信设备生产销售。经过多年发展，华为逐步在匈牙利市场树立了品牌，与匈牙利电信、沃达丰、Telenor、GTS、Pantel、Invitel 等匈牙利及欧洲电信运营商、分销商建立了合作伙伴关系，并分别于 2009 年和 2013 年在匈设立了欧洲供应中心和欧洲物流中心。

地　　址：1138 Budapest, Nepfurdo u. 22, Hungary

电　　话：0036-1-5552300

传　　真：0036-1-5558989

（2）山东烟台万华集团是亚太地区最大的异氰酸酯生产商，匈牙利宝思德化学公司是中东欧地区最大的异氰酸酯生产企业。2011 年 1 月，万华集团投资 12.6 亿欧元完成对匈牙利宝思德公司的收购，是目前中国在匈牙利最大的投资项目，其主要产品为：异氰酸酯、芳香多胺、热塑性聚氨酯弹性体等系列产品。

烟台万华集团驻匈牙利办事处：

地　　址：1054 Bupapest, Szabadság Tér 7

电　　话：0036-1-4748270

传　　真：0036-1-4748181

（3）中兴通讯匈牙利公司于 2004 年进入匈牙利市场，主要从事通信设备销售。

地　　址：1117 Budapest, NeumannJanosu, Hungary

电　　话：0036-1-3280080

传　　真：0036-1-3280079

电子邮箱：ztehu@zte.com.cn

（4）北京七星华电科技集团有限公司（以下简称"七星集团"）是国内最大的半导体设备供应商。2010年初，七星集团在匈注册成立独资子公司格林斯乐后，投资237.5万欧元收购匈牙利Energosolar公司，计划在欧洲建立一个集设备研发、生产和运营功能于一体的综合业务平台。2013年6月公司开始向建设、安装和运营大规模地面光伏电站转型。

电　　话：0036-30-774-0001

电　　邮：contact@greensolar.hu

匈牙利
HUNGARY

附　录

匈牙利
HUNGARY ·

附录一　世界银行·营商环境指数

　　为评估各国企业营商环境，世界银行通过对全球国家和地区的调查研究，对构成各国的企业营商环境的十组指标进行了逐项评级，得出综合排名。营商环境指数排名越高或越靠前，表明在该国从事企业经营活动条件越宽松。相反，指数排名越低或越靠后，则表明在该国从事企业经营活动越困难。

匈牙利营商环境排名

匈牙利	
所处地区	欧洲和中亚地区
收入类别	中高收入
人均国民收入总值（美元）	13470
营商环境 2016 年 排名：42，与上一年相比，后退 2 名	

匈牙利营商环境概况

　　下表同时展示了匈牙利各分项指标与"世界领先水平"的距离，"世界领先水平"反映了《2016 年全球营商环境报告》所包含的所有经济体在每个指标方面（自该指标被纳入《营商环境报告》起）表现出的最佳水平。每个经济体与领先水平的距离以从 0 到 100 的数字表示，其中 0 表示最差表现，100 表示领先水平。

	匈牙利	经合组织
开办企业		
2016 年与世界领先水平的距离（百分点）：90.56		
程序（个）	4.0	4.7
时间（天）	5.0	8.3
成本（占人均国民收入的百分比）	7.3	3.2
实缴资本下限（占人均国民收入的百分比）	47.7	9.6
办理施工许可证		
2016 年与世界领先水平的距离（百分点）：69.06		
程序（个）	23.0	12.4
时间（天）	179.0	152.1
成本（占人均收入的百分比）	0.2	1.7
获得电力		
2016 年与世界领先水平的距离（百分点）：60.11		
程序（个）	5.0	4.8
时间（天）	252.0	77.7
成本（占人均国民收入的百分比）	98.4	65.1
登记财产		
2016 年与世界领先水平的距离（百分点）：80.2		
程序（个）	4.0	4.7
时间（天）	16.5	21.8
成本（占财产价值的百分比）	5.0	4.2
获得信贷		
2016 年与世界领先水平的距离（百分点）：75		
合法权利指数（0 ~ 12）	10.0	6.0
信用信息指数（0 ~ 8）	5.0	6.5
私营调查机构覆盖范围（占成年人口的百分比）	0.0	11.9

	匈牙利	经合组织
公共注册处覆盖范围（占成年人口的百分比）	88.6	66.7
保护少数投资者		
2016 年与世界领先水平的距离（百分点）：55		
少数投资者保护力度指数（0 ~ 10）	5.5	6.4
纠纷调解指数（0 ~ 10）	4.0	6.3
披露指数	2.0	6.4
董事责任指数	4.0	5.4
股东诉讼便利度指数（0 ~ 10）	6.0	7.2
股东治理指数（0 ~ 10）	7.0	6.4
股东权利指数（0 ~ 10）	8.0	7.3
所有权和管理控制指数（0 ~ 10）	6.0	5.6
公司透明度指数（0 ~ 10）	7.0	6.4
纳税		
2016 年与世界领先水平的距离（百分点）：73.06		
纳税（次）	11.0	11.1
时间（小时）	277.0	176.6
应税总额（占毛利润的百分比）	48.4	41.2
利润税（占利润的百分比）	11.8	14.9
劳动税及缴付（占利润的百分比）	34.3	24.1
其他税（占利润的百分比）	2.3	1.7
跨境贸易		
2016 年与世界领先水平的距离（百分点）：76.48		
出口耗时：边界和规（小时）	—	15.0
出口所耗费用：边界和规（美元）	—	160.0
出口耗时：单证和规（小时）	1.0	5.0

续表

	匈牙利	经合组织
出口所耗费用：单证和规（美元）	—	36.0
进口耗时：边界和规（小时）	—	9.0
进口所耗费用：边界和规（美元）	—	123.0
进口耗时：单证和规（小时）	1.0	4.0
进口所耗费用：单证和规（美元）	—	25.0
执行合同		
2016 年与世界领先水平的距离（百分点）：72.08		
时间（天）	395.0	538.3
成本（标的额的百分比）	15.0	21.1
司法程序质量指数（0 ~ 18）	10.0	11.0
程序	**指标**	
时间（天）	395.0	
备案与立案	60.0	
判决与执行	245.0	
合同强制执行	90.0	
成本（占标的额的百分比）	15.0	
律师费（占标的物价值的百分比）	5.0	
诉讼费（占标的物价值的百分比）	8.0	
强制执行合同费用（占标的物价值的百分比）	2.0	
司法程序质量指数（0 ~ 18）	10.0	
办理破产		
2016 年与世界领先水平的距离（百分点）：50.58		
回收率（每美元美分数）	41.7	72.3
时间（年）	2.0	1.7

续表

	匈牙利	经合组织
成本（占资产价值的百分比）	14.5	9.0
结果（0为零散销售，1为持续经营）	0	1
破产框架力度指数（0～16）	9.0	12.1
启动程序指数（0～3）	2.5	2.8
管理债务人资产指数（0～6）	5.0	5.3
重整程序指数（0～3）	0.5	1.7
债权人参与指数（0～4）	1.0	2.2

资料来源：世界银行《2016年全球营商环境报告》。

附录二　其他领事馆信息

中华人民共和国驻匈牙利大使馆经济商务参赞处

地址：1068 Budapest，Benczúr u.18，Hungary

电话：00361 4133365，4133367，4133369

邮箱：hu@mofcom.gov.cn

跋

　　"丝绸之路经济带"和"21世纪海上丝绸之路"战略构想为沿线国家的经贸往来和文化融合带来千载难逢的机遇。作为中国唯一连续经营百年以上、机构网络遍及海内外40多个国家和地区的大型商业银行，中国银行在国际化经营水平、环球融资能力、跨境人民币业务等方面具有独特优势。随着国家"一带一路"战略梦想一步步走进现实，中国银行正励精图治，努力成为实现这个伟大梦想的金融大动脉。

　　"国之交在于民相亲，民相亲在于心相交。""一带一路"战略布局涉及区域广阔，业务广泛。它不仅是一条经济交通之路，更是一条民心交融之路，其建设发展在很大程度上取决于文化的影响力和穿透力。《文化中行——"一带一路"国别文化手册》的付梓，恰逢我行整合海内外资源、布局全球一体化协同发展的关键时期。《手册》以研究海外机构特点和服务对象需求为出发点，致力于解决文化冲突、促进文化融合，力求为海外机构提供既符合中国银行价值理念，又符合驻在国实际的文化指引。

　　《手册》在前期充分调研的基础上，与社会科学文献出版社共同编辑出版。《手册》紧紧围绕业务需求，深耕专业领域，创新工作思路，填补了我行海外文化建设领域的空白。这是中国银行在大踏步国际化背景下，抓紧建设开放包容、具有强大影响力的企业文化的需要，是发挥文化"软实力"、保持集团可持续发展的需要，更是投身国家重大战略部署、担当社会责任的需要。

社科文献出版社是我国社会科学研究领域的权威出版机构，在人文社会科学著作出版方面享有盛誉。在编纂过程中，特别邀请了外交部、商务部专家重点审读相关章节。针对重点领域的工作需要，设置了"特别提示"和"扩展阅读"，为"一带一路"发展战略提供了较为丰富的实例和参考。

文化的力量是无穷的。希望《文化中行——"一带一路"国别文化手册》行之弥远、传之弥久，以文化的力量推动"一带一路"金融大动脉建设，为实现"担当社会责任，做最好的银行"的战略目标添砖加瓦。

2015 年 12 月

后　记

　　《文化中行——"一带一路"国别文化手册》是中国银行在全力服从国家"一带一路"战略，依托百年发展优势，布局全球、协同发展的大背景下编撰的国别类文化手册。由中国银行企业文化部牵头，在办公室、财务管理部、总务部、集中采购中心的大力支持下，在社会科学文献出版社经管分社团队的共同努力下编辑出版。

　　手册在编辑过程中广泛征求了各海外分支机构的意见，得到了雅加达分行、马来西亚中国银行、马尼拉分行、新加坡分行、曼谷子行、胡志明市分行、万象分行、金边分行、哈萨克中国银行、伊斯坦布尔代表处、巴林代表处、迪拜分行、阿布扎比分行、匈牙利中国银行、卢森堡有限公司波兰分行、俄罗斯中国银行、乌兰巴托代表处、秘鲁代表处、仰光代表处、孟买筹备组、墨西哥筹备组、维也纳分行、摩洛哥筹备组、智利筹备组、毛里求斯筹备组、布拉格分行的大力支持，在此一并表示感谢。

　　编写组在编纂过程中参考了不同渠道的相关资料，主要包括外交部国家（地区）资料库，商务部"对外投资合作国别

（地区）指南 2014 版"，社会科学文献出版社"列国志"大型数据库，以及中国银行海外分支机构提供的相关资料。

　　本手册系定期更新，欢迎各界提供最鲜活的资料，使手册更具权威性和客观性。

图书在版编目(CIP)数据

匈牙利 / 中国银行股份有限公司, 社会科学文献出版社编.
—北京：社会科学文献出版社，2016.1
（文化中行："一带一路"国别文化手册）
ISBN 978-7-5097-8438-9

Ⅰ.①匈…　Ⅱ.①中…　②社…　Ⅲ.①匈牙利-概况
Ⅳ.①K951.5

中国版本图书馆CIP数据核字（2015）第276699号

文化中行："一带一路"国别文化手册
匈牙利

编　　者 /　中国银行股份有限公司
　　　　　　社会科学文献出版社

出 版 人 /　谢寿光
项目统筹 /　恽　薇　王婧怡
责任编辑 /　于　飞

出　　版 /　社会科学文献出版社·经济与管理出版分社（010）59367226
　　　　　　地址：北京市北三环中路甲29号院华龙大厦　邮编：100029
　　　　　　网址：www.ssap.com.cn
发　　行 /　市场营销中心（010）59367081　59367090
　　　　　　读者服务中心（010）59367028
印　　装 /　北京盛通印刷股份有限公司

规　　格 /　开　本：889mm×1194mm　1/32
　　　　　　印　张：3.125　字　数：64千字
版　　次 /　2016年1月第1版　2016年1月第1次印刷
书　　号 /　ISBN 978-7-5097-8438-9
定　　价 /　48.00元